Hoffnungs-
schimmern

Alexander Brandl
(Hrsg.)

Hoffnungs-schimmern

Geschichten und Gebete mit guten Aussichten

DEUTSCHE
BIBEL
GESELLSCHAFT

edition chrismon

Gebet
Am Morgen

Wenn der Alltag
noch schläft und träumt,
lausch ich
auf die Stille, hör,
wie sie schwingt.
Siehe, da bist du:
Du nimmst meine Hand
und stellst meine Füße
auf weites Land.
Und wenn dann der Tag
sich räkelt und dehnt,
summ ich ganz leise
Gott, deine Weise,
die ich morgens
im Schweigen schon fand.

TINA WILLMS

*Nähme ich Flügel der Morgenröte
und bliebe am äußersten Meer,
so würde auch dort deine Hand mich führen
und deine Rechte mich halten.
Spräche ich: Finsternis möge mich decken
und Nacht statt Licht um mich sein –,
so wäre auch Finsternis nicht finster bei dir,
und die Nacht leuchtete wie der Tag.
Finsternis ist wie das Licht.*

PSALM 139,9–12 (Luther 2017)

Balkonien

Es gibt Menschen, die haben einen grünen Daumen. Meiner ist dann wohl schwarz. Ich wünsche keiner Zimmerpflanze, in meiner Wohnung zu landen. Ich gebe mir ja Mühe, aber alt werden die bei mir nie. Irgendwann habe ich mich mit meinem Schicksal abgefunden. Mich eingestellt auf ein Leben ohne Grün. Da musste ich plötzlich umziehen.

In der neuen Wohnung trete ich auf den Balkon und reibe mir die Augen. Mehrere Tröge stehen dort. Sie sind bepflanzt. Mit Blumen, Büschen und sogar liebevoll zurechtgestutzten Bonsai-Bäumchen. Mir steht der Angstschweiß auf der Stirn. „Kommen die weg?", frage ich bei der Schlüsselübergabe. „Nein, die hat die Vormieterin Ihnen überlassen." Wie die Jungfrau zum Kind komme ich in den Besitz eines kleinen Stadtwaldes. Ich sehe schon die Nachbarn vor mir, wie sie mit dem Kopf schütteln, wenn dort bald nur noch Steppe ist.

Inzwischen ist der Umzug ein paar Monate her. Und es blüht und wächst noch immer. Ich habe die Herausforderung angenommen. Mich eingelesen. Erklärvideos geguckt. Meine Mama angerufen. Gartenwerkzeug gekauft. Ich behaupte sogar: Ich liebe jetzt Gartenarbeit! Und es verändert meinen Blick. Auch auf mich. So wie ich den Blumen beim Wachsen zusehe, versuche ich, mein eigenes Leben zu betrachten. Geduldig und liebevoll. Wie Gott, wenn er auf seine Schöpfung sieht. Auf die Pflanzen. Und auf mich. Wie wir wachsen und uns entwickeln.

ALEXANDER BRANDL

Die Himmel erzählen die Ehre Gottes,
und die Feste verkündigt seiner Hände Werk.
Ein Tag sagt's dem andern,
und eine Nacht tut's kund der andern,
ohne Sprache und ohne Worte;
unhörbar ist ihre Stimme.

PSALM 19,2–4 (LUTHER 2017)

Einfach

Es gibt sie immer noch, die Dinge,
die sich nicht verbergen,
die sich nicht sträuben, nicht entziehen
und uns nichts abverlangen.
Die schönen Dinge,
die sich gerne finden lassen
und die uns immer schon erwarten.
Das Einfache, das keine Fragen stellt.
Gestern war es das Lachen eines Kindes,
dem die Spatzen im Park zu nahe rückten.
Am Morgen war es der Brief eines Freundes,
der schrieb: Ich denke an dich.
Und abends die monotone Musik der Motoren,
ein müdes, frohes Nachhausekommen.
Wenn die Menschen in ihre Häuser gehen,
will eine dankbare Ruhe sich teilen.
Es gibt sie immer noch, die Dinge,
die nur angesehen werden wollen,
nur aufmerksam gehört,
und die wir tief in uns
bewegen können wie Atemluft.
An jedem Tag.

GIANNINA WEDDE

Du darfst singen

Ich singe jetzt. Fühlt sich komisch an, das zu sagen. Nachdem ich mir fast 35 Jahre lang eingeredet habe, dass ich nicht singen kann. Ehrlich gesagt: Mein Talent ist ausbaufähig. Nicht jeder Ton sitzt. Ein Startenor wird aus mir sicher nicht. Nur denke ich inzwischen: Na und?

Ich kann nicht besser singen als vor, sagen wir, zehn Jahren. Meine Stimmbänder sind dieselben. Trotzdem habe ich damals keinen Ton herausgebracht. Meine Kehle war wie zugeschnürt, wenn mir jemand ein Liedblatt hingehalten hat. Was ist jetzt anders? Meine Gesangslehrerin hat mich auf eine Fährte gebracht. Gleich in meiner ersten Gesangsstunde. Nach ein paar Tönen klappt sie ihr Klavier zu, lächelt mich an und sagt: „Junge, du bist hier nicht bei der Arbeit. Du musst nicht Töne produzieren. Du darfst einfach singen."

Das war wie Musik in meinen Ohren. Dürfen. Nicht müssen. Nicht sollen. Dürfen. Jesus sagt: „Schaut die Lilien auf dem Feld an, wie sie wachsen: Sie arbeiten nicht." Das will ich auch: Wachsen, mich entwickeln, aufblühen. Ohne gleich in einen Arbeitstrott zu kommen. Ohne zu denken: Ich muss etwas ableisten, abarbeiten. Ich singe jetzt. Einfach so. Nicht weil ich muss. Sondern weil ich darf.

ALEXANDER BRANDL

Ich wünsche dir
Augen, die dich sehen,
und jemanden, der dir sagt:
Danke, dass es dich so gibt, wie du bist.

Ich wünsche dir
Mut, an Grenzen zu gehen,
Träume, die sich erfüllen,
und Güte, um anderen zu verzeihen.

Ich wünsche dir
Neugierige, die auch hinter die Fassaden schauen,
Hartnäckige, die dich nicht verletzen,
Vertrauensvolle, die dich stärken.

Ich wünsche dir
Geduld für den richtigen Moment,
Türen, die sich öffnen, wenn du die Klinke drückst,
und Zeit, das Schöne zu genießen.

Ich wünsche dir
Zufriedenheit mit dir,
Hoffnung, dass sich alles fügt,
und Liebe, die dich herausfordert und aufrichtet
und glücklich macht.

GERNOT CANDOLINI

Löwenzahn

Ein Mann, der sehr stolz auf seinen Rasen war, stand plötzlich vor einer mit Löwenzahn übersäten Wiese. Er versuchte alles nur Denkbare, um den Löwenzahn loszuwerden, aber der kam immer wieder.

Schließlich schrieb er an das Landwirtschaftsministerium. Er zählte auf, was er alles versucht hatte, und schloss mit der Frage: „Was soll ich jetzt tun?"

Zu gegebener Zeit kam die Antwort: „Wie wär's, wenn Sie versuchten, ihn schön zu finden und den Löwenzahn zu lieben?"

Auch ich hatte einen Rasen, auf den ich stolz war, und auch ich wurde von Löwenzahn heimgesucht, den ich mit allen mir zur Verfügung stehenden Mitteln beseitigen wollte. Es war also nicht leicht, ihn schön zu finden.

Ich begann, jeden Tag mit dem Löwenzahn zu reden, herzlich, freundlich. Er antwortete nur mit verdrossenem Schweigen. Die Pflanzen litten noch unter dem Krieg, den ich gegen sie geführt hatte. Wahrscheinlich kamen ihnen meine Beweggründe auch etwas verdächtig vor.

Aber nicht lange, dann lächelten sie zurück und entspannten sich. Und antworteten sogar auf das, was ich ihnen sagte. Bald waren wir gute Freunde. Mein Rasen war natürlich verdorben.

Aber wie schön wurde mein Garten!

Ein Freund wurde nach und nach blind. Und er kämpfte dagegen mit allen in seiner Macht stehenden Mitteln. Und als die Medizin nichts mehr ausrichten konnte, wehrte er sich mit Emotionen. Ich brauchte Mut, ihm zu sagen: „Ich schlage vor, du lernst deine Blindheit lieben." Es war ein Kampf.

Zunächst weigerte er sich, sich auf irgendetwas einzulassen, auch nur ein einziges Wort dazu zu sagen. Und als er sich schließlich überwand, mit seiner Blindheit zu sprechen, waren seine Worte böse und bitter. Aber er sprach weiter und langsam änderten sich seine Worte und drückten nun Resignation, Toleranz und Einwilligung aus. Und eines Tages wurden sie zu seinem großen Erstaunen freundlich und liebevoll. Dann kam der Tag, als er seine Blindheit umarmen und sagen konnte: „Ich liebe dich." An diesem Tag sah ich ihn wieder lächeln und wie anziehend war dieses Lächeln!

Seine Sehkraft war natürlich für immer verloren. Aber wie schön wurde sein Gesicht, viel schöner als zuvor, ehe Blindheit sein Leben teilte.

ANTHONY DE MELLO

Vice versa

Ein Hase sitzt auf einer Wiese,
des Glaubens, niemand sähe diese.
Doch im Besitze eines Zeißes,
betrachtet voll gehaltnen Fleißes
vom vis-à-vis gelegnen Berg
ein Mensch den kleinen Löffelzwerg.
Ihn aber blickt hinwiederum
ein Gott von fern an, mild und stumm.

CHRISTIAN MORGENSTERN

Mit meinem Gott
kann ich
über Mauern springen.

PSALM 18,30 (LUTHER 2017)

Jakobsleiter

Eine Treppe zum Fliehen, zum Ersteigen, Verkriechen, Verstecken. Auf dem Dachboden vielleicht. Der öffnet sich bei mir nur mit einer Luke. Eine Treppe reicht dann herunter bis in meine warme Dachwohnung aus Holz. Oben dann die alten Koffer, Spielsachen und Ostereier aus Plastik. Manchmal hole ich was herunter. Einfach so, ohne es zu brauchen.

Eine Treppe zum Ersteigen, Erklimmen, Ersteigern das Beste. Die Karriereleiter ganz weit und weiter hinauf, weil vielleicht wird es hier gut sein und besser als unten. Die stille Hoffnung, es möge so sein.

Die Tonleiter bis zum hohen C, oder nein, sagen wir nicht C in diesen Zeiten, vielleicht ist es ja ein F wie Freiheit, J wie Jubel. L wie Liebe? Ach nein, diese Töne gibt es ja nicht. Gibt es eigentlich eine Liebesleiter? Eine Schokoladenleiter? Eine Leiter voller Umarmungen?

Das hätte er wohl gern gehabt. Der Jakob da auf der Flucht. Wie er rennt und läuft und flieht. Weit weg vom Betrug, von der List, vom erschlichenen Segen. Er hatte sich Fell um die Arme gebunden, für den fast blinden Vater hat es gereicht.

Erschlichener Segen – bringt der Segen? Geht das? Oder muss man so oder so einfach davonlaufen? In tiefster Nacht und weit weg von allem, was er jemals wollte und noch lange nicht da, wo er eigentlich sein wollte. Legt er sich auf den Boden. Als Kissen ein Stein. Und träumt. Von der Leiter, die mit der Spitze den Himmel anrührt. Berührt, kitzelt, als wären es Wolken aus Watte.

Engel steigen auf und nieder. Und oben steht der Gott. Und verspricht dir das Blau vom Himmel. Die Liebe, das Glück, den größten Segen. Und du, du glaubst ihm.

Am Fuße der Leiter. Ein zufälliger Ort wird dir jetzt heilig. Nur ein Stein und jetzt ist es Bet-El, Haus Gottes. Ort, wo man Gott träumen kann und er dich. Leiterweise, liter-weise vielleicht träumt er dich. Zufällig, absichtlich, jetzt und hier.

Ja, dann sollst du wirklich mein Gott sein und ich ganz Dein. Wenn das denn ginge, wenn der Segen wirklich überall über mich kommen kann?

Auf der Flucht. In der Nacht, im fernen Leben, das du nie führen wolltest. Nach der List und dem Betrug. Dann ist das vielleicht gar kein schnöder Optimismus.

Sondern Engelskraft und Himmelsmacht. Eine Strickleiter aus deinem Leben mitten in dein Leben hinein. Da fängt dein Himmel an. Hinlegen muss man sich vielleicht dafür, den Kopf auf etwas Hartes legen. Eigentlich zu hart.

Und dann die Engel sehen, steigen auf und nieder, tanzen vielleicht. Und du weißt, es geht gar nicht ums Ankommen.

Den Engeln auf der Jakobsleiter nicht. Und in dir auch nicht. Es geht nicht darum, am richtigen Ort anzukommen im Leben. Es ist ein zufälliger, ein harter, kalter Ort. Wo die Leiter steht, wo dein Himmel vielleicht anfängt.

Da bin ich dein Gott. Will dir Gutes nach deinem Schlechten, deinem Fehlen, deiner Flucht.

Ja, Gott, das würde ich schon gern träumen. Dass mein Himmel anfangen kann. Auf dem harten, kalten und zufälligen Boden. Amen.

SABRINA WILKENSHOF

Wenn ich nur dich habe,
so frage ich nicht
nach Himmel und Erde,
nach meinen Möglichkeiten
und Unmöglichkeiten.
Ich vertraue dir,
dass du aus dem Nichts
dein Alles machst
und aus dem kleinen Senfkorn
einen Baum wachsen lässt.

HANNA HÜMMER

Kleine Schritte

Nur Hiersein.
Dem Vogel danken,
der die frühen Farben ruft.
Den Morgen atmen
mit seinen ausgeruhten Düften.
Die Füße segnen,
die auch die Last der Trauer tragen.

GIANNINA WEDDE

Nicht wo der Himmel ist,
ist Gott,
sondern wo Gott ist,
ist der Himmel.

GERHARD EBELING

Betrachtung der Zeit

Mein sind die Jahre nicht,
die mir die Zeit genommen;
Mein sind die Jahre nicht,
die etwa möchten kommen;
Der Augenblick ist mein,
und nehm ich den in acht,
So ist der mein,
der Jahr und Ewigkeit gemacht.

ANDREAS GRYPHIUS

Sammelbildchen

Glitzernde Sticker-Alben, Panini-Hefte voller Fußballstars: Als Kind habe ich es geliebt, irgendwelche Bildchen zu sammeln. Noch heute stapeln sich die Hefte auf dem Dachboden.

Meine katholische Oma aus Bayern hat auch kleine Bilder gesammelt. Nur haben die nicht geglitzert. Und Fußballstars waren auch nicht darauf. Es waren Totenbildchen. Ich sehe mich noch als Kind neben meiner Oma sitzen, ganz still: Sie blättert durch ihr abgegriffenes Gotteslob. Zwischen die Seiten hat sie Sterbebilder gesteckt wie Lesezeichen. Dutzende. Irgendwo bei den Osterliedern lächelt mich eine Frau an, mit Hornbrille und auftoupierten Haaren. „Eine Großtante“, sagt meine Oma. „Und wer ist das?“, frage ich und deute auf einen Mann mit ausgeprägter Nase. Ich ahne schon die Antwort. Es ist mein Opa. Ich habe ihn nie kennengelernt. Wenn ich ihn mir heute vorstelle, dann sehe ich genau dieses Foto vor mir. Es ist eingebettet zwischen zwei Abendlieder. Und meine Oma hält es behutsam in ihren Händen.

Wir sind alle in das Buch des Lebens eingeschrieben, steht in der Bibel. Vielleicht sind wir auch reingesteckt. Oder eingeklebt. So oder so: Mich tröstet die Vorstellung, bei Gott gut aufgehoben zu sein. Im Leben. Und darüber hinaus. Ein bisschen wie die Menschen im Gotteslob meiner Oma.

ALEXANDER BRANDL

*Und der Herr sprach zu Abram:
Geh aus deinem Vaterland und von deiner Verwandtschaft und aus deines Vaters Hause in ein Land, das ich dir zeigen will.
Und ich will dich zum großen Volk machen und will dich segnen und dir einen großen Namen machen, und du sollst ein Segen sein.*

1. MOSE 12,1–2 (LUTHER 2017)

Am Morgen
den Tag lächelnd begrüßen
mich segnen lassen
damit Kraftvolles sich ereignen
kann

Am Morgen
meine Dankbarkeit kultivieren
in meiner Tiefe erahnen
dass nichts selbstverständlich ist –
mein Atem
mein Aufstehen
mein Essen und Trinken
meine Arbeit
meine Begegnungen
meine Grenzen
meine Lebenskraft
sind Ausdruck der Fülle des Lebens

Am Morgen
auch in schweren Zeiten der Krise
in Zeiten der Krankheit und Trauer
behutsam Kontakt aufnehmen
mit dem Seelenfünklein in mir
jenem Hoffnungsfunken
jenem leisen Lächeln
das Schweres durchschreiten
und Leidvolles durchwandern lässt
um Schritt für Schritt
daran wachsen und reifen zu
können

Am Morgen
den Tag lächelnd begrüßen
einfach segnend da sein
damit Wunderbares
sich entfalten kann

PIERRE STUTZ

Gebetchen

Man betet so sein Tischgebet.
Man betet, wenn man schlafen geht
Vor Gräbern und vor dem Altar.

Gut! Betet, wenn ihr's selber wollt.
Dann aber mutig und ganz wahr.
Und lasst euch keines Falles
Dann sagen, was ihr beten sollt.

Gott kennt euch und weiß alles.
Vertraut ihm euer Herzeleid
Und dankt ihm, wenn ihr glücklich seid.

Und schämt euch nicht. Nein, lacht sogar.
Weil beten nützt, wenn's ehrlich war.

JOACHIM RINGELNATZ

Wintersonnenwende

Das Licht kehrt zurück.
Nun lass auch du
das alte Dunkel hinter dir.
Leg deine Trauer
in das Wunder jedes Morgens.
Auch die Tage deiner Seele
werden länger.
Erlaube deinen Kräften,
anzuwachsen, bis sie wie Gräser
aufrecht in der Sonne stehen.
An jedem Umkehrpunkt
beginnt das Leben
mit neuer Lust um dich zu werben.
Brich auf. Es ist Zeit.

GIANNINA WEDDE

Leichte Übung

Beten fiel mir lange Zeit schwer. Als Kind hatte ich die Vorstellung, Gott sei eine Art Wunschautomat: Lieber Gott, bitte mach, dass dieses oder jenes passiert! Als könnte ich oben ein Bittgebet einwerfen, damit unten der erfüllte Wunsch herauspurzelt. Ich erinnere mich noch gut, dass ich als Kind eine handfeste Glaubenskrise hatte, als mir klar wurde, dass es so nicht läuft.

Inzwischen weiß ich: Ich habe die ganze Zeit gebetet. All die Jahre! Jedes Staunen über das Weltall, über Primzahlen, über die Schönheit eines Schneckenhauses, über die Liebe. Jeder Blick in die Augen eines zugewandten Menschen. Jede Freude über den ersten Atemzug nach dem Aufwachen: ein Gebet.

Heute hat Beten für mich nichts mit dem Wunschautomaten aus Kindertagen zu tun. Eher ist es eine innere Haltung. Wenn ich bete, dann merke ich, dass ich eben nicht weiß, was mein Gebet bringt. Dass ich es nicht wissen kann. Und nicht wissen muss. Beim Beten spüre ich ihn, diesen unendlichen Unterschied zwischen mir und Gott. Und das bringt mir Gott nah. Klingt paradox? Wahrscheinlich ist es das. Gott sei Dank.

ALEXANDER BRANDL

Der Bierkastenturm

Ich stürze drei Meter tief, aber das Seil hält. Fast komme ich mir mutig vor. Aber nach mir ist ein fünfjähriges Mädchen an der Reihe. Sie schafft vier Meter und zuckt nicht mit der Wimper, als der Turm unter ihr einstürzt. Im Gegenteil: Sie quietscht und lacht, als sie von zwei Jugendlichen langsam mit dem Kletterseil zu Boden gelassen wird. Ich bin auf einem Gemeindefest und habe mich überreden lassen, an diesem Bierkastenspiel teilzunehmen. Man stapelt Kasten auf Kasten und klettert den Turm hoch, der dabei entsteht. Gesichert durch ein Seil. Als ich an der Reihe bin, werde ich angefeuert. Ich setze die Kästen aufeinander. Immer höher. Irgendwann bin ich an dem Punkt, wo ich merke: Gut, dass ich gesichert bin. Ein Sturz von hier wäre schmerzhaft.

Ein bisschen wie im Leben. Manchmal will ich am liebsten auf dem Boden bleiben. Null Risiko. Aber auf Dauer ist da unten die Aussicht echt schlecht. Dann klettere ich los. Auch mal zu schnell oder total ungeschickt. Gehe beruflich neue Wege. Ziehe um. Lerne neue Menschen kennen. Und bämm – bricht alles in sich zusammen. Wäre ich doch unten geblieben, denke ich dann. In der sicheren Zone. Aber irgendwann, da packt es mich wieder.

Nein, mein Leben hat kein Sicherungsseil. Aber eines glaube ich fest: Dass ich nie tiefer falle als in Gottes Hand. Also: Los geht's! Kasten auf Kasten. Das Leben wartet.

ALEXANDER BRANDL

Segen für einen schlechten Tag

Heute geht alles schief.
Ausgelaugt und unglücklich fühle ich mich.
Meine Ideen sind nicht aufgegangen.
Meine Ziele sind vernebelt.
Die getroffenen Entscheidungen
frustrieren mich.

Strom des Segens berühre mich.

Segne mein Unvermögen,
damit ich das Gute vermag.
Segne meinen Kleinmut,
damit ich weiß, an was ich glauben kann.
Segne meine verwickelten Gedanken,
damit ich Lösungen finde.
Segne mein zusammengezogenes Herz,
damit es sich öffnet.

GERNOT CANDOLINI

Ein Segen für jeden Anlass

Mögen deine Füße erfüllt sein mit Tanz
und deine Arme mit Kraft.
Möge dein Herz erfüllt sein mit Zärtlichkeit
und deine Augen mit Lachen.
Mögen deine Ohren erfüllt sein mit Musik
und deine Nase mit Wohlgerüchen.
Möge dein Mund erfüllt sein mit Jubel
und dein Herz mit Freude.

Gott schenke dir immer neu
die Gewissheit, geborgen zu sein.
Er schenke dir Zuversicht
und Hoffnung in Unsicherheiten.
Er gebe dir Kraft und Freude am Sein
und in deinen vielfältigen Beziehungen.
Sei gesegnet in allem.

GERNOT CANDOLINI

Das Leben ist nicht ein Frommsein,
sondern ein Frommwerden,
nicht eine Gesundheit,
sondern ein Gesundwerden, nicht ein Sein,
sondern ein Werden, nicht eine Ruhe,
sondern eine Übung. Wir sind's noch nicht,
wir werden's aber.
Es ist noch nicht getan oder geschehen,
es ist aber im Gang und im Schwang.
Es ist nicht das Ende, es ist aber der Weg.
Es glüht und glänzt noch nicht alles,
es reinigt sich aber alles.

MARTIN LUTHER

Leben! Glauben!
... vorwärts
und rückwärts

„Das Leben wird vorwärts gelebt und rückwärts verstanden." Der Satz stammt von Kierkegaard. Und er stimmt. Bei mir jedenfalls. Mein Leben hat schon derart sonderbare Wendungen genommen, dass sich die Leute um mich herum nur wundern konnten. Wendungen, die auch ich nicht verstand. Deren Tragweite ich oft erst im Nachhinein erkannte.

Dass ich Jura studieren wollte, fiel mir in der Oper ein. Warum? Keine Ahnung. Jedenfalls stand mein Entschluss auf einmal fest und erwies sich als goldrichtig. – Zufall? Als die Mauer fiel, suchte ich gerade meinen beruflichen Weg, von dem ich bis dahin keinen Schimmer hatte. Buchstäblich über Nacht wusste ich, dass ich schreiben will. In Berlin natürlich. Wo sonst? Was für ein Timing! – Ein Mentee von der evangelischen Journalistenschule nannte mich später ein „historisches Glückkind". – Glück?

Kurz nach meinem Umzug nach München wurde mein Münchner Patenkind krank. Und wenige Jahre später mein Bruder, der auch hier lebte. Und ich hätte an keinem anderen Ort der Welt sein wollen. – Fügung?

In München singe ich wieder. Das wollte ich schon lange; mit der Zeitung in Berlin war das nicht zu vereinbaren. Mein Chor gehört zu einer Kirche, die ich von meinem Fenster aus sehen kann; das war einer der Gründe, warum ich mich für ihn entschieden hatte. – Noch so ein Wunder.

Gerade singen wir den Paulus von Mendelssohn Bartholdy. Und auf einmal entdecke ich Parallelen zu meinem Leben, dass ich aus dem Stauen nicht mehr herauskomme.

Als er, da er noch seinen jüdischen Namen Saulus trug, auf dem Wege nach Damaskus war, erleuchtet ihn plötzlich ein Licht vom Himmel, und er fällt auf die Erde und hört eine Stimme: „Saul, was verfolgst du mich?" – und erschrickt: „Herr, wer bist du?" – „Ich bin Jesus von Nazareth, den du verfolgst!" Zitternd antwortet er: „Herr, was willst du, das ich tun soll?" – „Stehe auf und gehe in die Stadt, da wird man dir sagen, was du tun sollst." – Und die Stimme der Christenheit singt: „Mache dich auf, werde licht! Denn dein Licht kommt, und die Herrlichkeit des Herrn gehet auf über dir." – ausgerechnet den Bibelvers, den ich erst vor Kurzem für mein Leben gewählt habe!

Und Paulus? „... war drei Tage nicht sehend und aß nicht und trank nicht". Und betet in einer herzzerreißenden Arie: „Gott, sei mir gnädig nach deiner Güte und tilge meine Sünden nach deiner großen Barmherzigkeit. Verwirf mich nicht von deinem Angesicht und nimm deinen Heiligen Geist nicht von mir." Er fleht um die Rettung seiner Seele – ausgerechnet mit den Worten meines Kindergebets!

Als er wieder sehen kann, steht er auf und lässt sich taufen. Er kehrt um, und nichts ist mehr, wie es war, sein Glaube nicht und auch nicht sein Leben. Und wir, als Stimme der Christenheit, jubeln: „O, welch eine Tiefe des Reichtums der Weisheit und Erkenntnis Gottes! Wie gar unbegreiflich sind seine Gerichte und unerforschlich seine Wege! Ihm sei Ehre in Ewigkeit, Amen!" – Schwindelig kann einem da werden! Schwindelig vor Glück.

Ich hab ja schon viel gesungen. Aber wieso ausgerechnet nun den Paulus, der gerade jetzt so gut zu meinem Leben passt? Ich weiß es nicht. Vermutlich kann ich auch das nur rückwärts verstehen, derweil ich weiter vorwärts lebe.

Eines habe ich gelernt: dass ich nicht planen kann, was wichtig ist. Weil meine Überlegungen unsicher und meine Gedanken einfältig sind, wie es in Salomos Gebet um Weisheit heißt, und seine Wege unerforschlich.

Also: nicht planen!

Das klingt so leicht. Ist es aber nicht. Ich will ja offen sein für das, was Gott mit mir vorhat. Ihn hören. Ihn sehen. Ihm folgen. Frei sein für ihn. Aber wie? Woher weiß ich, was er will?

Neulich erzählte mir jemand eine Geschichte, die dazu gut passt. – Seltsam, dass ich sie gerade jetzt hörte. Die Geschichte geht so:

Es regnet in Strömen, das Wasser hat bereits Straßen und Plätze überschwemmt. Ein Mann flieht aufs Dach seines Hauses. Die Wasserwacht kommt vorbei und ruft: „Kommen Sie!“ – „Nein“, sagt der Mann, „Gott wird mich retten“. Das Wasser steigt, es hat inzwischen die Dachrinne erreicht, der Mann klammert sich an den Schornstein. Da kommt die Feuerwehr vorbei. „Kommen Sie!“ – „Nein“, ruft der Mann, „Gott wird mich retten.“ Das Wasser flutet nun auch das Dach, verzweifelt klettert der Mann auf den Kamin. In letzter Minute kommt ein Hubschrauber und lässt ein Seil herab. „Kommen Sie, bevor es zu spät ist!“ – „Nein, Gott wird mich retten!“ Am Ende ertrinkt der Mann.

Im Himmel beklagt er sich bitterlich bei Gott: „Warum hast du mich nicht gerettet?“ Und Gott sprach: „Ich habe dir die Wasserwacht geschickt und die Feuerwehr und den Hubschrauber. Aber du hast mich nicht erkannt.“

Gott war da gewesen. Er hatte sich ihm offenbart. Durch andere.

Ja, auch so kann Gott sich zeigen. Man muss nur offen sein für die Signale. Das können ganz kleine, unscheinbare sein. Ein Bild, ein Blick, eine Begegnung – oder eben der Paulus.

Wohin mein Weg mich führen wird, weiß ich nicht. Ich kann mein Leben ja nicht vorwärts verstehen und rückwärts leben. Aber auf Gott hören, ihn suchen, vorwärts und rückwärts, das kann ich. Und das will ich.

Auch wenn ich nichts begreife. – Und nur vertrauen kann. Denn der Weg ist schon bereitet. Ich muss ihn nur gehen.

BEATRICE VON WEIZSÄCKER

Leben!
Glauben!

Frag nicht

Gott gibt keine Antworten.
Gott sät die Fragen aus
und du bist Erde.
Du trägst die Fragen
und du trägst sie aus,
bis sie als Grün
in wilden Gärten stehen.

GIANNINA WEDDE

Darum sage ich euch: Sorgt euch nicht um euer Leben, was ihr essen und trinken werdet; auch nicht um euren Leib, was ihr anziehen werdet. Ist nicht das Leben mehr als die Nahrung und der Leib mehr als die Kleidung? Seht die Vögel unter dem Himmel an: Sie säen nicht, sie ernten nicht, sie sammeln nicht in die Scheunen; und euer himmlischer Vater ernährt sie doch. Seid ihr denn nicht viel kostbarer als sie?

Wer ist aber unter euch, der seiner Länge eine Elle zusetzen könnte, wie sehr er sich auch darum sorgt?

Und warum sorgt ihr euch um die Kleidung? Schaut die Lilien auf dem Feld an, wie sie wachsen: Sie arbeiten nicht, auch spinnen sie nicht. Ich sage euch, dass auch Salomo in aller seiner Herrlichkeit nicht gekleidet gewesen ist wie eine von ihnen.

MATTHÄUS 6,25–29 (LUTHER 2017)

Das geheime Muttermal

„Ungefährlich", sagt mein Hautarzt. Er steckt die Lupe zurück in die Kitteltasche. „Ungefährlich?", frage ich und ziehe mir das T-Shirt über. Ich bin zur Hautkrebsvorsorge hier. Alle meine Muttermale wurden angeschaut. Ich kenne sie gut. Manche habe ich seit meiner Kindheit. „Das dunkle Muttermal hinter dem linken Ohr", antwortet mein Arzt. Ich schaue ihn verwundert an. Hinter meinem Ohr ist ein Muttermal? Das ist mir neu. Ungläubig zücke ich mein Handy und mache ein Foto von der Stelle. Tatsächlich. Da ist es. Klein, rund, braun. Wie lange es da wohl schon ist? Seit meiner Geburt? Oder erst seit ein paar Monaten?

Ich starre auf das Bild. Es fasziniert mich, dass da etwas an mir ist, die ganze Zeit schon – und ein anderer Mensch hat es mir gezeigt. Ich denke oft, dass ich mich selbst am besten kenne. Dass ich weiß, wer ich bin. Was ich kann. Und nicht kann. Und plötzlich zeigt mir jemand etwas Neues. Sagt: Du kochst aber gut. Dabei dachte ich, dass ich furchtbar koche. Oder sagt: Du kannst gut mit Menschen. Dabei finde ich mich oft zu schüchtern.

„Selig sind, die nicht sehen und doch glauben", heißt es. Ich sehe so viel an mir nicht. Aber Gott hat es in mich gelegt. Talente. Gute Eigenschaften. Entwicklungsmöglichkeiten. Manchmal gut versteckt wie ein Muttermal hinter dem Ohr. Und doch sind sie Teil von mir. Daran glaube ich.

ALEXANDER BRANDL

Als die Stunde für das Passamahl gekommen war, legte sich Jesus mit den Aposteln zu Tisch. Jesus sagte zu ihnen: „Ich habe mich sehr danach gesehnt, dieses Passamahl mit euch zu essen, bevor mein Leiden beginnt. Das sage ich euch: Ich werde das Passamahl so lange nicht mehr essen, bis es im Reich Gottes in Vollendung gefeiert wird."

Dann nahm Jesus den Becher, dankte Gott und sagte: „Nehmt diesen Becher und teilt den Wein unter euch! Das sage ich euch: Ich werde von nun an keinen Wein mehr trinken – so lange, bis das Reich Gottes kommt." Anschließend nahm er das Brot. Er dankte Gott, brach das Brot in Stücke, gab es ihnen und sagte: „Das ist mein Leib, der für euch gegeben wird. Tut das zur Erinnerung an mich." Ebenso nahm Jesus nach dem Essen den Becher und sagte: „Dieser Becher steht für den neuen Bund, den Gott mit den Menschen schließt – durch mein Blut, das für euch vergossen wird."

LUKAS 22,14–20 (BASISBIBEL)

Elija setzte sich unter einen Ginsterstrauch und wünschte sich den Tod. „Es ist genug!“, sagte er. „Herr, nimm mir doch das Leben! Denn ich bin nicht besser als meine Vorfahren.“ Schließlich legte er sich hin und schlief unter dem Ginsterstrauch ein.

Plötzlich berührte ihn ein Engel und forderte ihn auf: „Steh auf und iss!“ Als Elija um sich blickte, fand er etwas neben seinem Kopf: frisches Fladenbrot und einen Krug mit Wasser. Er aß und trank, dann legte er sich wieder schlafen. Doch der Engel des Herrn erschien ein zweites Mal. Wieder berührte er ihn und sprach: „Steh auf und iss! Denn du hast einen weiten Weg vor dir!“

1 KÖNIGE 19,4–7 (BASISBIBEL)

Hebt mich das Glück, so bin ich froh
Und sing in dulci jubilo;
Senkt sich das Rad und quetscht mich nieder,
So denk ich: Nun, es hebt sich wieder!

JOHANN WOLFGANG VON GOETHE

An der Quelle des Lebens

Es war, es ist zu viel:

Anforderungen, die mir über den Kopf wachsen.
Eindrücke, die ich nicht verarbeiten kann.
Fragen, die ohne Antwort bleiben.
Einflüsse, die in mir versanden.

Und nun? Nichts geht mehr.

Die Zeit wird ein wüstes Land, in dem ich den Weg und mich selbst nicht mehr kenne. Ich durchforste mein Inneres und finde nur Leere. Aus dem Spiegel schaut mir ein fremdes Gesicht entgegen.

Die Seele dürstet.

Dürstet sie nach Gott?

Wie gut täte es, einmal loslassen zu dürfen. Eingeladen zu sein.
Da wäre ein Tisch, den ich nicht selbst decken muss. Eine reicht mir das Brot und schenkt mir ein. Einer liest mir die Sorgen von der Seele und spricht mir Mut zu.
Ich muss meine Kräfte nicht länger aus mir selber schöpfen.

Ich sitze nur da und ruhe mich aus. Es dauert lang, bis die Antreiber in mir schweigen. Ich schaue aus dem Fenster. Nach und nach glätten sich die Wirbel und Wogen. Ich spüre, wie in mir eine Stille wächst.

Wie gut es tut, einmal loszulassen. Meine leeren Hände anzuschauen.
Sie schaffen nichts, sie greifen nach nichts, sie kontrollieren nichts.
Sie werden bereit, sich füllen zu lassen.

Eingeladen sein.
Ich komme zu mir und spüre, wie nach und nach meine Kräfte wieder wachsen.
Ideen fliegen mir zu und Worte von anderswoher werden zu meinen.
Was wesentlich ist, ordnet sich neu.

Meine Seele kommt zur Ruhe, ihr Durst wird gestillt.
Als sei ich an einer Quelle, aus der das Leben sprudelt. Die einfach da ist, einladend und unerschöpflich.
Wenn ich gehe, weiß ich, dass ich wiederkommen darf, um mich erfrischen und stärken zu lassen. Jederzeit.

Ich mache mich auf den Weg, der vor mir liegt. Es kommt mir vor, als könnte er mein eigener werden.

TINA WILLMS

ens

Und Gott sah an alles,
was er gemacht hatte,
und siehe,
es war sehr gut.

1. MOSE 1,31 (LUTHER 2017)

Leben, Version 2008

Überall nur meine Schokoladenseite. War klar. Ich klicke mich durch die Fotos. „Facebook 2008" heißt der Ordner. Ich habe ihn auf meinem Laptop wiedergefunden. Soziale Medien waren damals das große neue Ding, Facebook ein digitaler Spielplatz für die Generation U30. Um Fotos hochzuladen, musste ich meine Digitalkamera mit dem PC verkabeln. Ich weiß noch, wie praktisch ich das fand. Auf den Bildern sehe ich einen schlaksigen Studenten, völlig verunsichert in Bezug auf sein Äußeres. Wir waren die erste Generation, bei der es dazugehörte, dass man sich immer und überall fotografierte – und anschließend die Fotos der Öffentlichkeit preisgab. Ich sehe sofort, wie ich auf den Fotos mein Gesicht immer in einem bestimmten Winkel drehe, sobald jemand eine Fotolinse auf mich richtet. Ich möchte mir zurufen: „Lass das! Mach dich locker! Dein Gesicht ist von links auch ganz ok."

Irgendwann klappe ich den Laptop zu. Es ist spät. Im Bad sehe ich mein Gesicht in gleißend hellem Licht. Was werde ich mir in fünfzehn Jahren zurufen wollen, wenn ich meine Fotos von heute sehe?

Paulus schreibt: Jetzt sehe ich nur ein undeutliches Bild wie in einem trüben Spiegel. Doch einmal werde ich alles klar erkennen. So deutlich, wie Gott mich jetzt schon kennt.

Ich beschließe, keine 15 Jahre mehr zu warten. Ich sage mir schon jetzt: Du bist okay. Gott weiß das. Und du sollst es auch wissen.

ALEXANDER BRANDL

Frucht wächst
aus dem Bereitsein
für leise Impulse
in dir.
Öffne dich,
dass dein Schöpfer
in dir wirken kann.
Was er wachsen lässt,
ist seine Sache.

HANNA HÜMMER

Wer nur den lieben Gott lässt walten
und hoffet auf ihn allezeit,
den wird er wunderbar erhalten
in aller Not und Traurigkeit.
Wer Gott, dem Allerhöchsten, traut,
der hat auf keinen Sand gebaut.

Was helfen uns die schweren Sorgen,
was hilft uns unser Weh und Ach?
Was hilft es, dass wir alle Morgen
beseufzen unser Ungemach?
Wir machen unser Kreuz und Leid
nur größer durch die Traurigkeit.

Man halte nur ein wenig stille
und sei doch in sich selbst vergnügt,
wie unsers Gottes Gnadenwille,
wie sein Allwissenheit es fügt;
Gott, der uns sich hat auserwählt,
der weiß auch sehr wohl, was uns fehlt.

Er kennt die rechten Freudenstunden,
er weiß wohl, wann es nützlich sei;
wenn er uns nur hat treu erfunden
und merket keine Heuchelei,
so kommt Gott, eh wir's uns versehn,
und lässet uns viel Guts geschehn.

GEORG NEUMARK

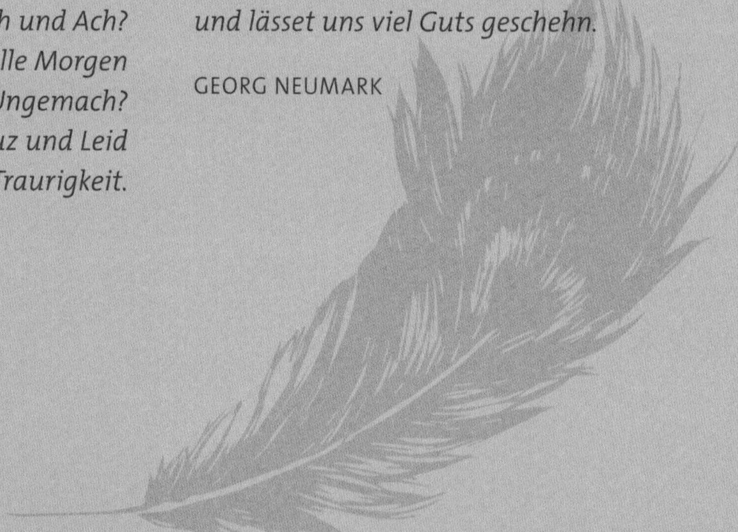

Gott hat für alles eine Zeit vorherbestimmt, zu der er es tut; und alles, was er tut, ist vollkommen. Dem Menschen hat er eine Ahnung von dem riesigen Ausmaß der Zeiträume gegeben, aber von dem, was Gott in dieser unvorstellbar langen Zeit tut, kann der einzelne Mensch nur einen winzigen Ausschnitt wahrnehmen.

Ich bin zu der Erkenntnis gekommen: Das Beste, was der Mensch tun kann, ist, sich zu freuen und sein Leben zu genießen, solange er es hat. Wenn er aber zu essen und zu trinken hat und genießen kann, was er sich erarbeitet hat, dann verdankt er das der Güte Gottes.

Ich habe erkannt: Alles, was Gott tut, ist unabänderlich für alle Zeiten. Der Mensch kann nichts hinzufügen und nichts davon wegnehmen. So hat es Gott eingerichtet, damit wir in Ehrfurcht zu ihm aufschauen. Was in der Vergangenheit geschah und was in Zukunft geschehen wird, hat Gott lange zuvor festgelegt. Und die Zeit, die uns entschwunden ist, ist bei ihm nicht vergangen.

KOHELET 3,11–15 (GUTE NACHRICHT)

Endlich Schlaf

3, 2, 1 – eingeschlafen. Das gab's noch nie. Kein Herumwälzen. Kein Kissenaufschütteln. Einfach nur tiefe Müdigkeit, die mich sofort übermannt. Am nächsten Morgen bin ich ausgeschlafen wie schon lang nicht mehr. Dabei waren es die üblichen siebeneinhalb Stunden. So läuft das jetzt seit einem halben Jahr. Ich schlafe gut! Was ist passiert?

Ganz einfach: Ich bin sehr groß. Und jetzt, zum ersten Mal in meinem Leben, habe ich ein Bett, das so ist wie ich: sehr groß. Zwei Meter zehn ist es lang. Überlänge. Ich weiß noch, wie mich der Verkäufer fragt: „Sind Sie Seitenschläfer, Bauchschläfer oder Rückenschläfer?" Da kann ich nur lachen. „Seitenschläfer natürlich". Seit meiner Jugend schlafe ich mit angewinkelten Beinen. Wenn ich meine Füße ausstrecke, hängen sie übers Bett und werden kalt. „Haben Sie's mal mit Überlänge versucht?" fragt er mich. Nö. Stattdessen zwei Jahrzehnte in einer Haltung geschlafen, die mir nicht guttut. Verkrümmt. Verkrampft. Schlaflos.

Ich merke: Das gibt's auch in anderen Lebensbereichen. Dass ein Mensch sich an Umstände anpasst. Sich verbiegt. Sich verleugnet. Statt die Umstände zu ändern. Mein neues Bett erinnert mich jeden Abend: Ich darf mich „entfalten" – im wahrsten Sinne. Ich darf liegen, wie es mir guttut. Ich darf leben, wie es mir guttut. So hat Gott mich geschaffen. Nichts soll mich daran hindern – schon gar kein Bettkasten.

ALEXANDER BRANDL

Der charmante Komplize unserer Hoffnung

„Jetzt ist die Zeit." Sagte Jesus.
Und erlebte viel Widerspruch.
Der Anstifter der Liebe. Der große Lebensfreund.
Die Verachteten standen auf.
Die Kleinen entdeckten ihre Würde. Außenseiterinnen wussten sich willkommen.
Er war ein Mensch aus Liebe.
Unser Bruder.
Mit einem so heilsamen Wesen.
Brot wurde geteilt.
Gottes gerechte Welt schien nah.
Diese Nähe beglückte sie.
Und diese Glückserfahrung wurde zu einer Kraft.
Und er starb. Am Karfreitag.
Die Erinnerung unterbricht mich.
Es ging nicht sofort weiter.
Und das ist auch wohltuend.
Ich muss nicht immer sofort weiterglauben. Weiterhoffen. Planen. Sorgen. Mühen.
Ich darf mal innehalten.
Das ist jesuanisch!
Dass der Tod uns unterbrechen darf.

Vielleicht ist das ein Geschenk,
dass die Christenheit unserer Zeit machen kann: Dass da Raum ist.
Mitten in den Krisen.
Einen Moment still zu sein. Zu klagen.
Das Müssen zu lassen.
Nachzudenken. Die Trauer gutzuheißen.
Trauer um verlorene Jahre. Verpasste Chancen. Unerfüllte Träume.
Zuzugeben auch, dass wir uns ohnmächtig fühlen.
Die Christenheit, Kirche, Kirchentag
könnten für eine Erlaubnis einstehen:
Wir brauchen die Güte. Denn wir sind verletzlich. Wir – wie unsere Erde.
Wie unsere Demokratie.
*Wie unsere Vorfahr*innen. Unsere Kinder.*
Wie Jesus verletzlich und verwundet war.
Und gerade da – zeigte sich ja Gott.
Da wurde Ostern. Das Wunder aller Wunden.

Die Vertrauten von Jesus damals
kamen allmählich zu der Überzeugung, dass er lebt. Sie begannen zu vertrauen:
Gott lässt Jesus nicht im Tod.
Die LIEBE seines Lebens wird bestätigt.
Es bewegte sie, nicht mehr der Angst zu folgen,
sondern der Liebe zu glauben.
Das ist das Unglaublichste des Glaubens. Das Trotzigste.
Es unterbricht und widerspricht allem.

Liebe

Er stand auf.
Nicht aus eigener Kraft. Und nicht nur für sich.
Mit Auferweckungsenergie.
Diese göttliche Lebenskraft
kann Geschöpfe beseelen. Beziehungen und Ideen. Wir sind nicht allein.
Jesus, der charmante Komplize unserer Hoffnung, geht an unserer Seite.
„Wo zwei oder drei in meinem Namen
in Gemeinsamkeit zusammenkommen,
bin ich mitten unter ihnen."
Die göttlich neue Wirklichkeit ist nah.
Diese Nähe ist eine wirkmächtige Kraft.
Die gerechte Welt Gottes.
Die Ewigkeit
geht Hand in Hand mit unsrer Zeit.
Die Fülle der Zeit.
Gott, die Ewige ist eine, die trotz allem bleibt. Extra Meilen geht, meilenweit.
Uns beschenkt mit neuer Leichtigkeit.

CHRISTINA BRUDERECK

maria

Maria stand noch draußen vor dem Grab und weinte. Dabei beugte sie sich vor und schaute hinein. Da sah sie zwei weiß gekleidete Engel. Sie saßen an der Stelle, wo Jesus gelegen hatte, einer am Kopfende und einer am Fußende.
„Frau, warum weinst du?“, fragten die Engel.
Maria antwortete: „Sie haben meinen Herrn fortgetragen und ich weiß nicht, wo sie ihn hingelegt haben!“
Als sie sich umdrehte, sah sie Jesus dastehen. Aber sie wusste nicht, dass es Jesus war.
Er fragte sie: „Frau, warum weinst du? Wen suchst du?“
Sie dachte, er sei der Gärtner, und sagte zu ihm: „Herr, wenn du ihn fortgenommen hast, dann sag mir, wo du ihn hingelegt hast. Ich will hingehen und ihn holen.“
„Maria!“, sagte Jesus zu ihr.
Sie wandte sich ihm zu und sagte: „Rabbuni!“ Das ist Hebräisch und heißt: Mein Lehrer!
Jesus sagte zu ihr: „Halte mich nicht fest! Ich bin noch nicht zum Vater zurückgekehrt. Aber geh zu meinen Brüdern und sag ihnen von mir: ‚Ich kehre zurück zu meinem Vater und eurem Vater, zu meinem Gott und eurem Gott.‘“
Maria aus Magdala ging zu den Jüngern und verkündete: „Ich habe den Herrn gesehen!“ Und sie richtete ihnen aus, was er ihr aufgetragen hatte.

JOHANNES 20,11–18 (GUTE NACHRICHT)

Don’t give me what I want

Wer sucht, findet das Passende. Vielleicht. Was passt, ist zuvor in meinem Kopf. Ich finde die laktosefreie Milch im großen Kühlschrank, weil ich weiß, dass die Packung blauweiß ist mit einer Milchkanne drauf. Ich scanne den Inhalt des Schranks, weil ich eine innere Vorstellung habe. Finde ich die Packung nicht, dann gehe ich leer aus.

Ich übersehe vielleicht, dass da auch ein Karton mit Hafermilch steht. Auf die war ich halt nicht abonniert. Wäre aber auch brauchbar gewesen. Nun Kaffee schwarz.

Claudia suchte einen Mann, der – wie sie – keine Kinder haben will. Sie suchte schon lange. Bislang gab es solche, aber die wollten dies oder das oder sie nicht. Bis sie nach einer Urlaubsliebe hinterm Deich schwanger wurde. Heute hat sie zwei frische Kinder mit genau diesem Mann. Hinterm Deich. Wo sie nie hinwollte.
Und es ist gut.

Es hat Claudia gefunden in einem Augenblick der Unachtsamkeit – könnte man sagen. Als ihre genaue Vorstellung vom richtigen Mann schwächelte. Da hat der Geist geschmunzelt und zugegriffen.

Der wartet ja auf die Lücken im Abgezäunten. Und Zack! ist Licht und Luft im Gehäuse, und ja klar – auch Chaos. Aber ohne Chaos wird man nicht erfunden.

Also, lieber Gott, behüte mich vor meinen festen An- und Absichten.

Don't give me what I want. Spür mich auf. Ertappe mich.

THOMAS HIRSCH-HÜFFELL

An diesem Morgen
war nichts am richtigen Platz.
Nicht der Stein und nicht die Traurigkeit.
Die Engel waren nicht im Himmel.
Und die armen Seelen nicht in der Hölle.
Die Frauen waren nicht im Haus.
Die Wächter waren nicht in control.
Und Jesus nicht im Grab.

An diesem Morgen
war alles am richtigen Platz:
Der Stein war weggewälzt.
Die Erde voller Licht.
Die Engel standen zwischen den Menschen.
Die Hölle war abgeschafft.
Und Jesus nicht im Grab.

BIRGIT MATTAUSCH

Mit dem Reich Gottes ist es so, wie wenn ein Mensch Samen aufs Land wirft und schläft und steht auf, Nacht und Tag; und der Same geht auf und wächst – er weiß nicht wie.

MARKUS 4,26–27 (LUTHER 2017)

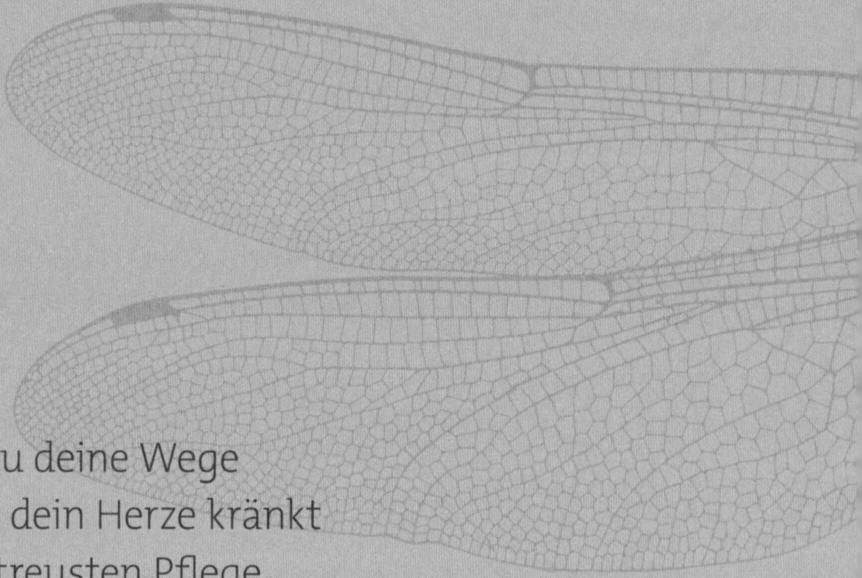

Befiehl du deine Wege
und was dein Herze kränkt
der allertreusten Pflege
des, der den Himmel lenkt.
Der Wolken, Luft und Winden
gibt Wege, Lauf und Bahn
der wird auch Wege finden,
da dein Fuß gehen kann.

PAUL GERHARDT

Gleichzeitigkeit

Wir können gleichzeitig glücklich und unglücklich sein, meistens ist es einfach so.
Und wir dürfen uns beides erlauben.
Mitten in der Trauer erleben wir:
Es gibt Grund zum Freuen. Wir lachen sogar.
Dann ist es fast so, als dürften wir das nicht.
Als würde von uns erwartet, dass wir unglücklich sind.
Als wüssten unsere Umgebung und die Gesellschaft, was wir fühlen sollen.
Und umgekehrt, mitten im Glück erleben wir:
Wir leben in Frieden und Freiheit. Sind satt.
Und trotzdem manchmal tieftraurig.
Nicht nur zornig über die weltweite Ungerechtigkeit.
Die Hilflosigkeit der Institutionen.
Sondern einfach unglücklich.
Melancholisch, schwermütig, verzweifelt.
Wir leiden nicht, aber wir sind diese Welt so leid.
Auch dann ist es fast so, als dürften wir das nicht.
Als müssten wir fröhlicher sein.
Gleichzeitig glücklich und unglücklich.
Wir dürfen uns beides erlauben.

CHRISTINA BRUDERECK

Schaurig-schön

Henriette. Wilhelm. Auguste. In meiner Mittagspause schlendere ich manchmal über einen alten Friedhof. Vorbei an Namen aus längst vergangen Tagen. Eingemeißelt für die Ewigkeit, unter schmiedeeisernen Kreuzen. Viele der Grabsteine sind mit Efeu überwuchert. Die Zeit hat ihre Spuren hinterlassen.

Und plötzlich entdecke ich meinen Namen. Auf einem Grabstein. Es läuft mir eiskalt den Rücken hinunter. Sogar das Geburtsdatum ist nah an meinem – nur eben hundert Jahre früher. Neugierig schiebe ich den Efeu beiseite. Darunter kommt der Beruf des Mannes zum Vorschein. Ein Wirt. Na, wenigstens beim Beruf sind wir uns nicht ähnlich. Ich kann meinen Blick kaum mehr von dem Grabstein lösen. Schaurig ist das. Aber irgendwie auch schön. Schaurig-schön. Ich mag dieses Gefühl. Auch Gruselfilme können das in mir auslösen. Eine Vogelspinne in einem Terrarium. Da stellen sich meine Nackenhaare auf und ich muss trotzdem hinschauen. Meinen Namen da auf dem Grabstein zu lesen, war für mich auch schaurig-schön. Ein schauriger Vorgeschmack auf meinen eigenen Tod, der irgendwann kommt. Und ein schöner Ausblick, weil ich glaube: Noch ist es nicht so weit. Und wenn es so weit ist, bleibe ich in Gottes Hand. Vielleicht geht dann jemand über den Friedhof, auf dem ich liege, liest meinen Namen und denkt einen Moment an mich. Das finde ich dann gar nicht mehr schaurig. Sondern einfach schön.

ALEXANDER BRANDL

Sorge nicht!
Singe,
wie der Vogel singt,
der nicht nach dem Echo fragt.
Blühe
wie die Blume blüht,
die nicht überlegt,
ob sie morgen noch sein wird.
In der Liebe
vergisst du zu fragen
ob heute oder morgen
dein Lied in dieser Welt verstummt.
Das Leben ist heute Geschenk,
und morgen wird es reife Frucht sein.

HANNA HÜMMER

Auch bis in euer Alter bin ich derselbe,
und ich will euch tragen,
bis ihr grau werdet. Ich habe es getan;
ich will heben und tragen
und erretten.

JESAJA 46,4 (LUTHER 2017)

I.

Irgendwo auf der Welt schaut jetzt
einer aufs Meer.
Irgendwo kocht eine Mokka.
Irgendwo zupft jemand ein trockenes Blatt
von einer Topfpflanze.
Irgendwo hat eine die erste Wehe.
Irgendwo atmet einer zum letzten Mal ein,
zum letzten Mal aus.
Irgendwo wäre jemand so unerträglich
unbedingt gerne an einem anderen Ort.
Irgendwo haben welche den besten Sex ihres
Lebens.
Irgendwo unterschreibt eine ein
neues Gesetz.
Irgendwo liest einer den neuesten
Forschungsbericht.
Irgendwo sagt einer zum ersten Mal Ich.
Irgendwo sagt eine zum ersten Mal Nein.

II.

Irgendwo sind wir eins.
Sind verbunden – mehr und anders
als wir wissen.
Gott ist im Menschsein.
Es gibt etwas in unserem Miteinander,
das größer ist als ich.
Größer als du.
Größer auch als wir zusammen.
Es umfasst uns.
Ist in uns und um uns.
Gottes Herrlichkeit leuchtet durch uns
hindurch.
Wir sind Äste an einem Baum.
Reben an einem Weinstock.
Lebewesen auf diesem einen Planeten.
Hab keine Angst, wenn du dich fühlst wie
ein vertrocknetes Blatt.
Wenn deine Woche wie ohne Frucht war.
Die Herrlichkeit strömt auch zu dir.
Was wir hier tun, wirkt sich dort aus.
Was dort ist, ist zugleich hier.

Eine andere kann, was du nicht kannst.
Und was du weißt, ahnst, mit unsichtbarer
Schrift in die Luft schreibst:
Es ist da. Gelangt dorthin, wo es gebraucht
wird.
Vertrau darauf.
Wir sind verbunden miteinander.
Verbunden durch Jesus.
Wir sind schon ganz neu.
Unsichtbar auferstanden.
Wir alle gemeinsam.

III.

Irgendwo schaut eine auf ihr Handy.
Irgendwo schaut einer in den Spiegel.
Irgendwo zieht sich jemand Schutzkleidung
an.
Irgendwo setzt sich einer in ein
schaukelndes Boot.
Irgendwo betet jemand.
Irgendwo weint jemand.
Irgendwo schneidet jemand den Strunk aus
einer Paprika, jemand schließt eine an
ein Beatmungsgerät an, jemand zieht einen
anderen aus dem Wasser.
Irgendwo hört DER EINE alles.
Irgendwo sieht DIE EWIGE das Ganze.
Irgendwo sagt Jesus zu uns:
Ihr seid schon rein.
Ihr bringt schon Frucht.
Amen.

BIRGIT MATTAUSCH

Unendlich unvernünftig

Was war noch mal „Pi"? Also, ich war richtig schlecht in Mathe, aber an diese komische Zahl erinnere ich mich. Die Zahl Pi ist unendlich. Mit 3,1415 fängt sie an und hört nicht mehr auf. Pi nennt man auch: eine irrationale Zahl. Eine unvernünftige. Ich habe auch so eine Zahl in meinem Leben. Die Zahl der Verflossenen. Die ist nicht unendlich groß, aber unendlich unvernünftig. Jedes Mal hab ich gedacht: Das ist es jetzt. Das ist Liebe. Das muss halten. Das wird halten. Es hielt nicht. Unendlich unvernünftig, im Nachhinein.

Manchmal hätte ich mir gewünscht: Das Leben soll doch bitte wie eine Gleichung sein. Ausgewogen. Logisch. Wo von Anfang an klar ist, welche Folgen es hat, wenn ich morgens in einem Bett aufwache, das nicht meines ist. Wo ich mit mathematischer Präzision vorhersagen kann, was mein Leben für mich bereithält. Ist aber nicht so.

Inzwischen wächst meine Zahl nicht mehr ins Unendliche. Ich bin in gewisser Weise angekommen. Unvernünftig bleibt mein Leben trotzdem. Unvorhersehbar. Manchmal eigenartig. Wie die Zahl Pi. Und doch: Das ist mein Leben. Keine Formel der Welt kann es jemals erklären. Gott sei Dank.

ALEXANDER BRANDL

Die güldene Sonne

Die güldene Sonne
bringt Leben und Wonne,
die Finsternis weicht.
Der Morgen sich zeiget,
die Röte aufsteiget,
der Monde verbleicht.

Es sei ihm gegeben
mein Leben und Streben,
mein Gehen und Stehn.
Er gebe mir Gaben
zu meinem Vorhaben,
lass richtig mich gehn.

In meinem Studieren
wird er mich wohl führen
und bleiben bei mir,
wird schärfen die Sinnen
zu meinem Beginnen
und öffnen die Tür.

PHILIPP VON ZESEN

Alle Dunkelheit der Welt
kann das Licht einer einzigen Kerze
nicht auslöschen.

UNBEKANNT

Bibel für Eilige – mit Happy End

Gott schafft
Gott haucht
Adam lebt
Eva beißt
Adam schafft
Eva schafft
Abel strahlt
Kain tobt
Kain killt
Gott zürnt
Noah schippert
Taube fliegt
Wasser weicht
Gott verspricht
Zeit vergeht
Abraham kommt
Besuch kommt
Sara lacht

Sodom vergeht
Gomorrha vergeht
Sara gebiert
Gott fordert
Abraham folgt
Abraham opfert
Gott stoppt
Sara stirbt
Abraham stirbt
Isaak altert
Esau kommt
Jakob kommt
Jakob trickst
Esau schäumt
Jakob flieht
Jakob träumt
Jakob kämpft
Gott segnet

Esau verzeiht
Zeit vergeht
Josef träumt
Josef leidet
Josef herrscht
Josef deutet
Jakob segnet
Jakob stirbt
Josef verzeiht
Zeit vergeht
Israel leidet
Busch brennt
Gott ist
Mose gehorcht
Mose bittet
Pharao bockt
Plagen kommen
Mose bittet

Pharao bockt
Plagen kommen
Mose bittet
Pharao bockt
Plagen kommen
Mose rettet
Wasser weicht
Volk zieht
Volk dürstet
Volk hungert
Manna fällt
Berg rumpelt
Gott erscheint
Gebote kommen
Bund steht
Gesetze folgen
Mose stirbt
Jahre vergehen
Männer herrschen
Frauen herrschen
Menschen streiten
Menschen klagen
Menschen warnen
Menschen loben
Menschen hoffen
Engel rufen
Jesus kommt
Johannes tauft
Jesus lehrt
Jünger folgen
Jüngerinnen folgen
Jesus isst
Jesus trinkt
Jesus heilt
Jesus warnt
Jesus teilt
Jesus betet
Jünger schlafen
Jesus hadert
Judas verrät
Petrus leugnet
Petrus leugnet
Petrus leugnet
Hahn kräht
Petrus weint
Pilatus wäscht
Pilatus urteilt
Jesus leidet
Jesus stirbt
Christus lebt
Maria Magdalena versteht
Männer verstehen
Kirche wächst
Paulus schreibt
Andere schreiben
Welt vergeht
Christus bleibt
Bibel endet

ALEXANDER BRANDL

Fremde Stimmen

Mit 33 hatte ich einen heftigen Hörsturz. Mit 33 hatte ich einen heftigen Hörsturz. Ich werde nie vergessen, wie die Welt plötzlich für mich war: bedrohlich. Jedes Vogelzwitschern, meine Lieblingslieder, vertraute Stimmen – alles klang verzerrt, blechern, fremd. Zwei Wochen später saß ich trotzig in der Oper. Le nozze di Figaro. Starbesetzung. Es klang scheußlich. Nach der ersten Arie kamen mir die Tränen. Dabei weine ich nie. Meine Selbstdiagnose: Irgendwas mit Stress, mit Überforderung angesichts der vielen Möglichkeiten im Leben. Heute schüttle ich den Kopf darüber.

Denn wieder – wieder – hatte ich die Schuld bei mir gesucht. Ein lebenslang eingeübter Reflex: Was habe ich falsch gemacht?

Aber ich war's nicht. Es waren andere.

In einer Supervision – einer Art beruflichen Beratung – fragte mich mein Gegenüber eiskalt: „Wen oder was wollen Sie nicht mehr hören?" Mir kam die Frage abwegig vor, fast esoterisch. Von wegen: Mein Körper, der Lehrer, der mir was zeigen will.

Aber es stimmt. Da waren Stimmen. Unersättliche. Und sie schrien: „So wirst du es nicht schaffen. So, wie du bist, reicht es nicht!" Manche Stimmen waren diffus. Manche sehr konkret.

Inzwischen habe ich ein paar Stimmen bewusst aus meinem Leben gejagt. Meinen Körper lasse ich nicht mehr so einfach in die Mühlen der Leistungsgesellschaft geraten. Meine Seele auch nicht.

Ich höre wieder gut. Meistens jedenfalls. Mozart höre ich super. Neunzigerjahre-Pop: super! Aber bei manchen Befehlen, Forderungen oder Einschüchterungen, da höre ich plötzlich ganz schlecht. Da sag ich dann: Sorry.

Leider nix verstanden.
Hatte 'nen Hörsturz.
Nicht meine Schuld.

ALEXANDER BRANDL

Du musst das Leben nicht verstehen

Du musst das Leben nicht verstehen,
dann wird es werden wie ein Fest.
Und lass dir jeden Tag geschehen
so wie ein Kind im Weitergehen von jedem Wehen
sich viele Blüten schenken lässt.

Sie aufzusammeln und zu sparen,
das kommt dem Kind nicht in den Sinn.
Es löst sie leise aus den Haaren,
drin sie so gern gefangen waren,
und hält den lieben jungen Jahren
nach neuen seine Hände hin.

RAINER MARIA RILKE

Schaf sein einmal

Wenn der Frühling warm genug war, dann trieb der Schäfer Herr Mack die Schafe durch die Straße meiner Kindheit. Hinaus aus dem Dorf. Eine wogende Welle aus Wolle und Blöken. Richtung Brünnele und Streuobstwiesen und in die blaue und grüne Ferne am Horizont. Wir liefen ihnen noch eine Weile nach. Und blieben dann zurück mit einem wehmütigen Gefühl im Hals, das noch eine Weile blieb – zusammen mit dem Geruch an unseren Fingern, die wir tief in die Wolle der Schafe gesteckt hatten – eben bis dorthin, wo es ganz hell und weich war.

Manchmal riechen meine Finger heute wieder nach diesem Gefühl im Hals von damals.
Nach der Sehnsucht:
Schaf sein einmal.
Mich anvertrauen der Woge aus Wolle um mich herum. Die Wärme der anderen spüren.
Hinaus aus dem Dorf mich wagen, uns wagen, und hinein in die grüne Weite.
Zu Auen und Wasser und durch finstre Täler auch.
Und wissen: Da ist einer, der gut ist.
Da ist eine, die weiß.
Und ich muss die eine nicht sein.
Manchmal riechen meine Finger heute wieder nach diesem Gefühl im Hals von damals.

BIRGIT MATTAUSCH

Und dann: ein Licht

Das Gute an Ostern ist: Fünfzig Tage lang wird das Fest gefeiert. Die Freudenzeit über die Auferstehung Jesu Christi währt sieben Wochen. Bis Pfingsten. Das Schlechte an Ostern ist: Auch der Gedanke an Tod und Auferstehung kann fünfzig Tage dauern.

Wie nah beides beieinander ist, der Tod und das Leben, die Trauer und die Freude, fiel mir erst kürzlich wieder auf.

Es war in Oberbayern; in der Nähe von Bad Tölz. Dort, wo mein Bruder begraben ist, der Künstler. Seit fünfzehn Jahren. Was für eine unfassbar lange Zeit. Wir waren bei Nachbarn gewesen, und auch sie konnten kaum glauben, dass er schon so lange tot ist, der Bruder, den auch sie in ihr Herz geschlossen haben.

Sie fingen an zu erzählen, von ihm und der Beerdigung und wie es war, als sein Sarg an einem der schönsten Frühsommertage des Jahres 2008 einmal um die Dorfkirche herum getragen wurde, bis ich die Erinnerung nicht mehr ertrug und sie bat, zu schweigen. Zu nah das alles. Noch immer. Die Erinnerung daran, die nicht vergeht. Die Erinnerung an alles Fröhliche und alles Traurige, an die Besuche in der Klinik, ans Lachen und Weinen und ans heimliche Rauchen irgendwo abseits der endlosen Gänge, in der Unendlichkeit des riesigen Krankenhauses, dieser Menschenfabrik im Westen Münchens.

Als ich später bei ihm bin, an seinem Grab, das österlich geschmückt ist mit Tulpen und Palmkatzen und blühenden Narzissen, und in die brennende Kerze schaue, kommt aus dem Innern der Kirche ein leises Geräusch. Ich gehe hinein. Tatsächlich, da ist jemand. Eine Frau kehrt den Boden. Sie lässt mich hinein, bis ganz nach vorne, zu dem anderen Grab. Dem Grab Jesu.

Palmen umgeben den geweihten Ort, es sind Palmen des himmlischen Jerusalem. Soldaten stehen zur Linken und Rechten der Ruhestätte, sie halten Wache, obwohl es dort niemanden mehr zu bewachen gibt, weil Jesus auferstanden und nicht mehr hier ist, an der Stelle, wo man ihn hingelegt hat (Mk 16,5). Dazu zwei Engel in blauen Gewändern. Als Zeichen, dass das Grab nicht das Ende ist. Nicht für den Gottessohn.

Und vielleicht auch nicht für ihn, den Bruder da draußen, für uns.

Die Frau schaut mich an, als versuche sie, meine Gedanken zu lesen, und sie schaltet das Licht ein, nur für mich. Da leuchten die bunten Kugeln, die das Grab umgeben, in den herrlichsten Farben, blau und rot und gelb und grün und violett, als hätten sie die Stätte zum Leben erweckt. Die Heilig-Grab-Kugeln, wie sie heißen, gelten als Sonnen- und Glückssymbole. So etwas Schönes habe ich selten gesehen. Das kenne ich nur von hier, aus Oberbayern.

Auf einmal überkommt mich ein kleiner Freudenschimmer, wie ein zartes, österliches Glücksgefühl. Wegen des Lichts und der Farben – und der Hoffnung auf die Ewigkeit.

Ein Ort, zwei Gräber. Das Grab Jesu. Und das meines Bruders. Es bleibt ein Nebeneinander von Tod und Leben, es bleibt ein Nah-Beieinander von Trauer und Trost, unbarmherzig gleichzeitig. Und doch barmherzig. Als habe sich das Heilig-Grab-Licht in ein Auferstehungslicht verwandelt. Heimlich, still und leise hat es sich auf mich gelegt.

Da darf es bis Pfingsten gern bleiben. Von mir aus auch länger.

BEATRICE VON WEIZSÄCKER

Denn bei dir ist die Quelle des Lebens,
und in deinem Lichte sehen wir das Licht.

PSALM 36,10 (LUTHER 2017)

Vier Tipps,

um definitiv unglücklich durchs Leben zu gehen

1. *Mache alles mit dir selbst aus.*
   Du kennst dich schließlich am besten.

2. *Lies keine Bücher.*
   Tauche nie in fremde Welten ein.

3. *Ärgere dich maßlos über deine Fehler.*
   Wenn dir etwas gelingt, beachte es nicht weiter.

4. *Checke soziale Medien vor dem Einschlafen.*
   Vergleiche dich mit den Menschen, die du siehst.
   Schlafe mit diesen Gedanken ein.

ALEXANDER BRANDL

Gebet

Dein Zeichen

Guter Gott,
dein Siegel
will ich tragen
auf Herz und Hand.

Geprägt will ich sein
von der Liebe,
die stark ist,
stark wie der Tod.

Deine Zeichen
will ich setzen
und mit meinen Händen
dich einschreiben ins Leben.

Will selbst dein Zeichen werden,
das Herzen wärmt und wendet
und die Liebe sichtbar macht,
Tag um Tag.

TINA WILLMS

VATERUNSER

Kassettenrekorder-Gebet

Los! Ich drücke die Aufnahmetaste des quietschgelben Kassettenrekorders. Es ist ein Sonntag im Jahr '91. Meine Schwestern sind entschlossen: Heute bringen wir dem kleinen Bruder das Vaterunser bei. „Vater unser im Himmel", flüstern sie mir ins Ohr. Und ich spreche die Wörter zögerlich ins Mikro. Danach höre ich mir das Gebet so oft an, bis ich es auswendig kann. Und der Plan geht auf: Das Vaterunser sitzt, noch bevor ich meinen Namen schreiben kann.

Als der Stimmbruch einsetzt, kommt es mir nicht mehr über die Lippen. Erwachsenwerden – das heißt für mich als Jugendlicher auch: mich von Gott befreien. Was folgt, ist: nichts. Funkstille. Jahrelang. Das Vaterunser sitzt in dieser Zeit, aber es sagt mir nichts.

Inzwischen ist die Kassette Bandsalat. Aber das Vaterunser bete ich wieder. Mal leise, mal laut. Heute gibt es mir ein Gefühl von Freiheit, von „loslassen können". Ich sitze vor meinem Laptop und frage mich: Was, wenn meine Schwestern damals nicht diese Schnapsidee gehabt hätten? Ich spreche das Gebet ins Mikro und speichere die Datei. Kann sein, dass in vielen Jahren der Tag kommt, an dem meine Stimme versagt. Dann drücke ich auf Play. „Vater unser im Himmel, geheiligt werde dein Name …".

ALEXANDER BRANDL

Warum ich glaube

Immer wieder diese Frage. Eher an mich, nicht aus mir. Ich bin unheilbar religiös. Gott atmet mich. Ich habe keine Wahl.
Als Kleinem ging mir der Kopf auf, und die Sterne sprachen. Vielleicht sprachen sie gar nicht – sie waren mein Innerstes. Die Mutter fluchte auf die Bibelsprüche, die sie statt Brot und Pudding von ihrer Mutter gefüttert bekam und schredderte auch sonst ihr Weh ungefragt ins Haus. Derweil hörte ich Radio: Stimmen von weither und auch Geschichten. Aus der Bibel.
So erhielten Sterne und Geschrei einen Rahmen. Ein Geländer, das gehen half mit offenem Kopf. Die großen Hunde führten mich an ihrer Leine in den Wald. Rissen sich los und kamen wieder. Ein Lehrgang für kleine Hundeführer. HaltenLassen-HaltenLassen.

Was in mir dann sogenannter Glaube wurde, besteht aus mütterlich-wütender Skepsis, die echtes Futter ersehnt, aus Sternenklang und Jesusgeschichten. Und das in meinem ganzen Körper. Willst du heil werden? Allein diese Frage reicht ja – für alles.

Fragte der Lehrer nach dem Stimmen seiner verkratzten Geige zu Beginn der Stunde, wo Gott sei, so wusste ich es: In jedem Gesicht. Das weiß ich bis heute. Ich sehe ihn schlafen, ich sehe, wie Gottes Lippen die Lust schmecken, wenn man zusammen kommt und wie sie welk und klar werden im Antlitz eines Sterbenden. Ich vermute ihn wieder und wieder aus mir herausschauend: „Dies ist mein Leib“ sagt er. Das ist die Summe seiner Sternensprache. Sie hat sich geklärt in unendlichen Geburten und Lebenswegen,

sie ist lesbar geworden – zusammengefasst in dem Einen mit dem großen Namen.

Und ich sehne mich immer noch nach den Schwestern und Brüdern. Nicht nur nach den sechs toten realen vor mir, die ich nie kennengelernt habe, aber mit mir trage. Auch nach den Wahlverwandten. Sie alle wüssten, was ich weiß und viel mehr. Wir säßen um den Tisch, es gäbe Lebensmittel und Trommeln. Tote und Lebende mit Kristall-Gläsern, wir würden erzählen, wie anders Gott in jeder von uns seine Passion verlebt und sein Erwachen. Das erwarte ich.

In jedem Leben lernt Gott dazu. Wird, der er ist und immer schon war. So ist Gott. Das glaube ich.

THOMAS HIRSCH-HÜFFELL

Sinn.Segen

Dass du siehst
wenn du nichts mehr in dir siehst

dass du hörst
bevor du redest

dass du redest
wo hören nicht reicht

dass du fühlst
wenn es passiert

dass du handelst
wenn nichts mehr passiert

dass du schweigen kannst
wenn alles gesagt ist

dazu segne dich Gott.

ALEXANDER BRANDL

Ihr seid das Licht für die Welt.
Eine Stadt, die auf einem Berg liegt,
kann nicht verborgen bleiben.
Auch zündet niemand eine Lampe an,
um sie dann unter einen Topf zu stellen.
Im Gegenteil, man stellt sie auf
den Lampenständer, damit sie allen
im Haus Licht gibt.
Genauso muss auch euer Licht
vor den Menschen leuchten:
Sie sollen eure guten Taten sehen
und euren Vater im Himmel preisen.

MATTHÄUS 5,14–16 (GUTE NACHRICHT)

Meine engen Grenzen, meine kurze Sicht
Bringe ich vor dich.
Wandle sie in Weite, Herr, erbarme dich.
Meine ganze Ohnmacht, was mich beugt und lähmt
Bringe ich vor dich.
Wandle sie in Stärke, Herr, erbarme dich.
Mein verlornes Zutraun, meine Ängstlichkeit
Bringe ich vor dich.
Wandle sie in Wärme, Herr, erbarme dich.
Meine tiefe Sehnsucht nach Geborgenheit
Bringe ich vor dich.
Wandle sie in Heimat, Herr, erbarme dich.

EUGEN ECKERT

Selbstwirksamkeit

In der Zeit mit weniger:
weniger Kontakten, Feedback und Lohn,
weniger sichtbaren Ergebnissen und Erlebnissen,
weniger Auskommen.
Wenn es auf die Frage „Was gibt's Neues?“
keine einfache, schnelle Antwort gibt.
Wende ich mich vom außen nach innen.
Und ergründe dort bedacht:
Doch – es gibt etwas Neues.
Aber es ist unausgereift, klein und intim.
Es lässt sich noch nicht erzählen.
Aber es wird allmählich wirklich für mich.

CHRISTINA BRUDERECK

Seht, ich mache alles neu.

OFFENBARUNG 21,5 (LUTHER 2017)

INHALT
Seite

VERZEICHNIS DER AUTORINNEN UND AUTOREN

ALEXANDER BRANDL,
evangelischer Pfarrer an der Olympiakirche in der Heilig-Geist-Gemeinde München.

CHRISTINA BRUDERECK,
evangelische Theologin und Autorin.
www.christinabrudereck.de

GERNOT CANDOLINI,
Experte für Labyrinthe und Autor.
www.labyrinthe.at

GERHARD EBELING (1912–2001),
evangelischer Theologe.

EUGEN ECKERT,
evangelischer Pfarrer, Liedtexter und Dozent.

PAUL GERHARDT (1607–1676),
bekannter Kirchenlieddichter.

JOHANN WOLFGANG VON GOETHE (1749–1832), Dichter, Politiker und Naturforscher.

ANDREAS GRYPHIUS (1616–1664),
Dichter, Dramatiker und Lyriker.

HANNA HÜMMER (1910–1977),
Mitbegründerin der Christusbruderschaft Selbitz, Autorin.

THOMAS HIRSCH-HÜFFELL,
evangelischer Pastor i. R.
www.unglaeubigesstaunen.wordpress.com

MARTIN LUTHER (1483–1546), Augustinermönch, Theologe und Reformator.

BIRGIT MATTAUSCH,
Pastorin und Autorin.

ANTHONY DE MELLO (1931–1987),
Jesuitenprieser und spiritueller Lehrer.

CHRISTIAN MORGENSTERN (1871–1914),
Dichter, Schriftsteller und Übersetzer.

GEORG NEUMARK (1621–1681),
Dichter und Kirchenlieddichter.

RAINER MARIA RILKE (1875–1926),
österreichischer Lyriker.

JOACHIM RINGELNATZ (1883–1934),
Schriftsteller, Kabarettist und Maler.

PIERRE STUTZ,
Schweizer katholischer Theologe und Autor.
www.pierrestutz.ch

GIANNINA WEDDE,
Germanistin, Philosophin, Publizistin und Künstlerin. www.klanggebet.de

BEATRICE VON WEIZSÄCKER,
Juristin, Autorin und Journalistin.

SABRINA WILKENSHOF,
evangelische Theologin, Pfarrerin und Autorin. www.frommundfreitag.de

TINA WILLMS,
evangelische Theologin und Autorin.

PHILIPP VON ZESEN (1619–1689),
Dichter, Kirchenlieddichter und Schriftsteller.

NACHWEIS DER ABDRUCKRECHTE

BIBELTEXTE
Lutherbibel, revidiert 2017, © 2016 Deutsche Bibelgesellschaft, Stuttgart

Gute Nachricht Bibel, durchgesehene Neuausgabe, © 2018 Deutsche Bibelgesellschaft, Stuttgart

BasisBibel, © 2021 Deutsche Bibelgesellschaft, Stuttgart

ALEXANDER BRANDL
Alle Texte sind für dieses Buch entstanden.

CHRISTINA BRUDERECK
Der charmante Komplize unserer Hoffnung, aus: Predigt des Eröffnungsgottesdienstes auf dem Nürnberger Kornmarkt, 38. DEKT Nürnberg, 7. Juni 2023

Selbstwirksamkeit und *Gleichzeitigkeit*, aus: Dies., Trotzkraft, 2Flügel-Verlag, Essen 2021

GERNOT CANDOLINI
https://www.segen.at/segens-texte-von-gernot-candolini/

GERHARD EBELING
Vom Gebet. Predigten über das Unser-Vater, Verlag Mohr, Tübingen 1963

EUGEN ECKERT:
Meine engen Grenzen, Text Eugen Eckert, © Lahn-Verlag in der Butzon & Bercker GmbH, Kevelaer, www.bube.de

PAUL GERHARDT:
Befiehl du deine Wege, EG 361. Strophe 1

JOHANN WOLFGANG VON GOETHE
Hebt mich das Glück, aus: Der Narr epilogiert, in: Johann Wolfgang von Goethe: Berliner Ausgabe. Poetische Werke [Band 1–16], Band 1, Berlin 1960 ff.

THOMAS HIRSCH-HÜFFELL
Don't give me what I want: https://www.evangelisch.de/blogs/spiritus/210505/16-01-2023

Warum ich glaube: https://www.evangelisch.de/blogs/spiritus/183686/15-03-2021

HANNA HÜMMER
aus: Dies., Leise und ganz nah Jahreslesebuch, Christusbruderschaft Selbitz Buch- und Kunstverlag, 2009

BIRGIT MATTAUSCH
An diesem Morgen: https://frauauge.blogspot.com/2023/04/an-diesem-morgen.html

Irgendwo auf der Welt: https://frauauge.blogspot.com/2020/05/irgendwo-predigtchen-fur-jubilate-3mai.html

Schaf sein einmal: https://frauauge.blogspot.com/2012/04/schaf-sein-einmal.html?-q=gr%C3%BCn

ANTHONY DE MELLO
Löwenzahn, aus: Anthony de Mello, Warum der Vogel singt. © 2019 Verlag Herder GmbH, Freiburg i. Br.

CHRISTIAN MORGENSTERN
Vice versa, aus: Ders., Alle Galgenlieder, Insel Verlag, Leipzig 1953

GEORG NEUMARK
Wer nur den lieben Gott lässt walten, EG 369, Strophen 1–4

RAINER MARIA RILKE
Du musst das Leben nicht verstehen, aus: Ders., Mir zur Feier, Georg Heinrich Meyer, Berlin 1899

JOACHIM RINGELNATZ
Gebetchen, www.deutschelyrik.de/gebetchen.html

PIERRE STUTZ
Am Morgen, aus: Ders., Lächle dem Leben zu © 2009 Verlag am Eschbach, ein Unternehmen der Verlagsgruppe Patmos in der Schwabenverlag AG, 4. Auflage. www.verlag-am-eschbach.de

GIANNINA WEDDE
Frag nicht, *Wintersonnenwende*, *Kleine Schritte* und *Einfach*: Giannina Wedde, Es wächst ein Licht in deinem Fehlen © Vier-Türme GmbH, Verlag, Münsterschwarzach 2019

BEATRICE VON WEIZSÄCKER
Leben! Glauben! ... vorwärts und rückwärts: https://www.evangelisch.de/blogs/spiritus/161966/11-11-2019

Und dann: ein Licht: https://www.evangelisch.de/blogs/spiritus/214924/24-04-2023

SABRINA WILKENSHOF
Jakobsleiter, https://frommund-freitag.de/2021/jakobsleiter/

TINA WILLMS
Segenswunsch: Lebendiges Wasser, Gebet: Dein Zeichen, An der Quelle des Lebens, Gebet: Am Morgen, aus: Dies., Willkommen und gesegnet, Neukirchener Verlag, Neukirchen 2021, © Tina Willms

PHILIPP VON ZESEN
Die güldne Sonne, EG 444, Strophen 1, 4, 5

BILDNACHWEIS

UMSCHLAG
Titel: Milos Ljubicic, Stocksy/AdobeStock;
Klappe vorne: Johanna Degenstein;
Klappe hinten: Prasert Taosiri/Pixabay

INNENTEIL
S. 4: Peter Kokhanets/unsplash.com, S. 6: NoName_13/pixabay.com, S. 12/13: Clker-Free-Vector-Images/pixabay.com, S. 14: Gordon Johnson/pixabay.com, S. 16: Akın Akdağ/ pexels.com, S. 19: Pexels/pixabay.com, Seite 20/21: Clker-Free-Vector-Images/pixabay.com,
S. 26: Daiga Ellaby/unsplash.com,
S. 32: Carlos Ruiz/unsplash.com,
S. 35: Susann Mielke/pixabay.com,
S. 38/39: Stefan Schweihofer/pixabay.com, S. 42: Lesia/photocase.de, S. 47: Moritz Ludtke/unsplash.com, S. S. 48: scarlett_z10/pixabay.com, 50: Alexander Possingham/unsplash.com,
S. 54: Westend61/photocase.de,
S. 58: Olia Gozha/unsplash.com,
S. 60: Colleen ODell/pixabay.com,
S. 63: drippycat/pixabay.com,
S. 64: Aaron Burden/unsplash.com,
S. 69: markito/pixabay.com,
S. 70: Kilarov Zaneit/unsplash.com,
S. 72/73: Aaron Burden/unsplash.com, S. 74/75: xOpenClipart-Vectors/pixabay.com, S. 77: We Two/unsplash.com, S. 81: David Marcu/unsplash.com, S. 82: Daniel Schludi/unsplash.com, S. 85: Aridula/photocase.de, S. 82: Artem Kovalev/unsplash.com

SAMENPAPIER
Prasert Taosiri/Pixabay

IMPRESSUM

Bibliografische Information der Deutschen Nationalbibliothek:
Die Deutsche Nationalbibliothek verzeichnet diese Publikation in der Deutschen Nationalbibliografie; detaillierte bibliografische Daten sind im Internet über http://dnb.d-nb.de abrufbar.

Printed in EU

Das Buch wurde auf alterungsbeständigem Papier gedruckt.

Gesamtgestaltung: Anja Haß, Leipzig
Bildredaktion: Anja Haß, Leipzig und Lena Uphoff, Frankfurt
Druck und Bindung: GRASPO CZ a.s., Zlín
Produktion Samenpapier: Leoprinting GmbH, Düsseldorf

ISBN 978-3-96038-383-3
www.eva-leipzig.de

ISBN 978-3-438-06104-1
www.die-bibel.de